LES PETITS **INRATABLES**

MANGER SAIN À MOINS DE 2€

LAROUSSE

Sommaire

Soupes

Salades

Plats à la poêle

Gratins et légumes farcis

Pâtes

Tartes, quiches, cakes

personnes — marinade
préparation — réfrigération
cuisson — repos

Soupe de maïs *au quinoa*

4
10 min
20 min

maïs en conserve
500 g

quinoa
100 g

oignon haché
1

poivron rouge en dés
1

tomates en dés
2 grosses

persil
1/2 bouquet

1. Dans une cocotte, faites revenir l'oignon et le quinoa avec l'huile. Versez 50 cl d'eau, couvrez et faites bouillir.
2. Ajoutez le maïs, le poivron et les tomates. Salez, couvrez et laissez mijoter 15 min à feu doux. Servez parsemé de persil.

Et aussi un peu de…

huile d'olive (1 c. à soupe)

Soupe de lentilles corail *au lait de coco*

4
10 min
30 min

lentilles corail
250 g

lait de coco
20 cl

tomates concassées en boîte
400 g

échalotes hachées
2

1. Portez à ébullition 1 l d'eau avec tous les ingrédients, puis baissez le feu, couvrez et laissez cuire 30 min en remuant de temps en temps.
2. Mixez et ajoutez un peu d'eau si nécessaire pour ajuster la consistance. Servez bien chaud.

Velouté de chou-fleur *à la truite fumée*

4

15 min

20 min

chou-fleur en bouquets
300 g

tranches de truite fumée
3

oignon émincé
1

poireau émincé
1

lait écrémé
50 cl

huile d'olive
1 c. à soupe

1. Dans une cocotte, faites revenir l'oignon et le poireau dans l'huile. Ajoutez le chou-fleur, le lait et 25 cl d'eau.
2. Assaisonnez, mélangez et portez à ébullition. Laissez mijoter 15 min.
3. Mixez finement et servez parsemé de truite.

Soupe provençale *au petit épeautre*

4
10 min
12 h
1 h 15

petit épeautre
200 g

blanc de poireau émincé
1

fenouil émincé
1

tomates en dés
2

huile d'olive
2 c. à soupe

basilic ciselé
quelques feuilles

1. Faites tremper le petit épeautre 12 h.

2. Chauffez l'huile dans une cocotte et faites revenir le poireau 5 min en remuant.

3. Incorporez le fenouil et les tomates. Versez le petit épeautre, couvrez d'eau et portez à ébullition. Salez, poivrez et laissez mijoter environ 1 h. Parsemez de basilic et servez.

Soupe de sarrasin *aux poireaux*

4 personnes
10 min
25 min

sarrasin décortiqué
150 g

poireaux émincés
2

bouillon de volaille
1 cube

beurre
1 noix

1. Faites suer les poireaux avec le beurre dans une cocotte.
2. Ajoutez le sarrasin et le cube de bouillon émietté, salez, poivrez et couvrez d'eau. Portez à ébullition, puis laissez mijoter environ 20 min. Servez bien chaud.

Soupe d'orge perlé *et de légumes*

4

10 min

40 min

orge perlé
1 verre

carottes émincées
2

poireau émincé
1

huile d'olive
2 c. à soupe

thym
1 branche

bouillon de volaille
1 cube

1. Faites revenir les légumes avec l'huile dans une cocotte.

2. Ajoutez l'orge, le cube de bouillon et le thym émiettés, salez, poivrez et couvrez d'eau. Portez à ébullition, puis laissez mijoter 30 min. Servez bien chaud.

Velouté de céleri *et pois cassés*

4
15 min
1 h
1 h

céleri en morceaux
1/2

pois cassés
200 g

feuille de laurier
1

oignon en morceaux
1

1. Faites tremper les pois cassés 1 h dans de l'eau fraîche.
2. Portez 3 l d'eau à ébullition avec le laurier et l'oignon. Ajoutez les pois cassés, baissez le feu et faites cuire 40 min à petit frémissement.
3. Ajoutez le céleri et prolongez la cuisson 20 min.
4. Salez, puis ôtez le laurier. Réservez la moitié du liquide de cuisson. Mixez en ajoutant du liquide progressivement pour ajuster la texture. Servez aussitôt dans des bols.

Potage *de la Méditerranée*

4
15 min
15 min

carottes en morceaux
300 g

tomates en morceaux
300 g

fenouils en morceaux
2

poivron orange en morceaux
1

oignons émincés
300 g

ail écrasé
1 gousse

1. Mettez les légumes, les oignons et l'ail dans un autocuiseur avec 1,5 l d'eau, salez et poivrez. Faites cuire 10 min à partir du chuchotement de la soupape (30 min à la casserole).

2. Mixez, ajoutez la crème et parsemez de basilic.

Et aussi un peu de…

crème fraîche épaisse
(2 c. à soupe)
basilic ciselé
(1 bouquet)

Soupe de patates douces *au lait de coco*

4
10 min
25 min

patates douces en gros dés
800 g

lait de coco
25 cl

oignon émincé
1

huile d'olive
1 c. à soupe

gingembre frais râpé
2 cm

coriandre ciselée
1/2 bouquet

1. Faites revenir l'oignon avec l'huile dans une casserole. Ajoutez le gingembre et les patates douces. Versez 50 cl d'eau et le lait de coco. Salez et laissez cuire 20 min.

2. Mixez finement, parsemez de coriandre et servez aussitôt.

Soupe de carottes *au poulet*

4

10 min

20 min

carottes en rondelles
4

filets de poulet en lamelles
2

oignon émincé
1

bouillon de volaille bio
1 cube

huile d'olive
1 c. à soupe

persil haché
10 brins

1. Faites chauffer 1 l d'eau dans une casserole avec le cube de bouillon.

2. Dans une cocotte faites revenir les carottes et l'oignon avec l'huile d'olive pendant 5 min. Ajoutez le poulet et le bouillon chaud. Faites cuire 15 min.

3. Parsemez de persil et servez aussitôt dans 4 bols.

Velouté de champignons, *fromage frais et curry*

4

10 min

25 min

champignons de Paris
250 g

fromage à tartiner
50 g

curry en poudre
1 c. à café

oignons émincés
2

huile d'olive
1 filet

1. Faites revenir les champignons et les oignons dans un peu d'huile avec le curry. Salez et poivrez.

2. Couvrez d'eau à hauteur et laissez cuire 15 min. Mixez le tout avec le fromage et dégustez bien chaud.

Soupe mexicaine *aux haricots rouges*

4
15 min
40 min

haricots rouges en conserve
200 g

tomates mûres en quartiers
1 kg

céleri en morceaux
2 branches

oignon émincé
1

yaourt nature
125 g

citron vert
1 (le jus)

1. Dans une casserole, faites revenir l'oignon dans l'huile, puis ajoutez le céleri, les tomates, les haricots et laissez cuire 5 min. Couvrez d'eau, salez, poivrez, puis laissez mijoter 35 min.
2. Mélangez le yaourt avec le jus de citron et 1 pincée de piment.
3. Mixez la soupe avec le reste de piment. Servez avec la sauce.

Et aussi un peu de…

huile d'olive
(2 c. à soupe)
piment de Cayenne
(2 pincées)

Soupe de haricots blancs *à la tomate*

4 personnes · 10 min · 1 h

haricots blancs
150 g

coulis de tomate
50 cl

oignon émincé
1

sauge
2 feuilles

pistou
4 c. à café

1. La veille, faites tremper les haricots dans de l'eau.

2. Le jour même, faites suer l'oignon dans une cocotte. Ajoutez les haricots et couvrez d'eau. Salez et portez à ébullition. Ajoutez la sauge et laissez mijoter 40 min à feu doux.

3. Incorporez le coulis et poursuivez la cuisson 10 min.

4. Servez dans des bols avec le pistou.

Minestrone

4
25 min
30 min

haricots blancs
120 g

poireaux en dés
2

navets en dés
2

tomates en dés
2

petits pois
200 g

pâtes à potage
60 g

1. Faites cuire les haricots 20 min dans le bouillon.

2. Ajoutez les légumes et les pâtes. Assaisonnez et poursuivez la cuisson 10 min environ. Servez parsemé de basilic.

Et aussi un peu de…

bouillon de légumes
(1 l)
basilic
(10 feuilles)

Taboulé de quinoa rouge *aux amandes grillées*

4
10 min
20 min
1 h

quinoa rouge
120 g

chou-fleur en fleurettes
1 petit

amandes effilées
2 c. à soupe

vinaigrette à l'huile d'olive

1. Faites cuire le quinoa à l'étouffée. Laissez refroidir.
2. Râpez le chou-fleur pour en faire une semoule. Mélangez-la avec le quinoa dans un saladier. Salez, incorporez la vinaigrette et placez au frais au moins 1 h.
3. Faites légèrement torréfier les amandes, parsemez-en le taboulé et servez.

Salade de boulgour, *courgette et tomate*

4
10 min
15 min
1 h

boulgour de blé
200 g

courgette en dés
1 petite

tomates en dés
2

raisins secs
50 g

olives noires
12

vinaigrette au citron

1. Faites cuire le boulgour 15 min à l'eau bouillante salée. Égouttez et laissez refroidir.
2. Réunissez tous les ingrédients dans un saladier, arrosez de vinaigrette et placez au moins 1 h au frais.

Petit épeautre *et radis en salade*

4
10 min
35 min
12 h

petit épeautre
150 g

radis en rondelles
1 botte

cœur de laitue
1

vinaigrette à l'huile d'olive

1. Faites tremper le petit épeautre 1 nuit, puis faites-le cuire 35 min dans 3 fois son volume d'eau salée. Égouttez et laissez refroidir.
2. Mélangez la vinaigrette dans un saladier avec les feuilles de laitue, le petit épeautre et les radis. Servez.

Salade d'orge perlé *aux tomates cerises*

4
10 min
40 min

orge perlé
150 g

tomates cerises
12

pousses d'épinards
1 poignée

amandes
2 c. à soupe

vinaigrette à l'huile d'olive

1. Faites cuire l'orge perlé 40 min à l'eau salée. Égouttez et laissez refroidir.
2. Mélangez la vinaigrette dans un saladier avec l'orge, les épinards, les amandes et les tomates.

Boulgour à la courge *et aux herbes*

4
15 min
20 min

boulgour de blé
200 g

courge butternut en dés
500 g

coriandre ciselée
1 petit bouquet

garam masala
1 c. à café

huile de tournesol
1 c. à soupe

1. Faites cuire le boulgour à l'eau bouillante salée environ 15 min. Égouttez.

2. Chauffez l'huile dans une sauteuse et faites revenir la courge 20 min avec les épices en remuant souvent.

3. Incorporez le boulgour, salez, poivrez et mélangez. Ajoutez la coriandre et servez.

Salade de farfalles *aux tomates séchées*

4
15 min
10 min
30 min

farfalles 400 g	tomates séchées à l'huile 200 g	roquette 150 g

parmesan en copeaux 100 g	huile d'olive 5 c. à soupe	vinaigre balsamique

1. Faites cuire les farfalles à l'eau bouillante salée. Égouttez-les, puis passez-les sous l'eau froide.
2. Dans un saladier, fouettez l'huile avec le vinaigre, salez et poivrez, puis ajoutez les pâtes. Remuez délicatement et placez 30 min au frais.
3. Répartissez les pâtes dans des assiettes, déposez dessus des lanières de tomates séchées, la roquette et le parmesan.

Salade de riz complet, *brousse et radis*

4
10 min
30 min
15 min

riz complet
150 g

brousse (ou fromage frais)
150 g

botte de radis en rondelles
1

ciboulette ciselée
quelques brins

vinaigrette à l'huile d'olive

1. Faites cuire le riz à l'eau bouillante salée (environ 30 min). Égouttez et laissez refroidir.
2. Salez et poivrez la brousse et placez-la 15 min au congélateur.
3. Dans un saladier, réunissez le riz, les radis et la ciboulette. Formez des billes de fromage et ajoutez-les. Incorporez la vinaigrette.

Salade de riz complet *au poivron*

4

15 min

30 min

1 h

riz complet
150 g

2 poivrons en dés
1 rouge + 1 jaune

basilic ciselé
quelques feuilles

vinaigrette à l'huile d'olive

1. Faites cuire le riz à l'eau bouillante salée (environ 30 min). Égouttez et laissez refroidir.
2. Réunissez tous les ingrédients dans un saladier, ajoutez la vinaigrette, mélangez puis réservez au moins 1 h au frais. Parsemez de basilic et servez frais.

Salade de lentilles, *pommes et feta*

4
10 min
30 min

lentilles vertes
100 g

pomme
1

feta
100 g

poivron vert ou rouge
1

oignon blanc
1

1. Rincez les lentilles et faites-les cuire 30 min dans deux fois leur volume d'eau. Laissez-les refroidir.

2. Épluchez et coupez la pomme en dés, émincez l'oignon. Coupez le poivron en lamelles et la feta en dés. Ajoutez-les aux lentilles.

3. Dans un bol, mélangez l'huile avec la moutarde. Salez, poivrez et versez sur la salade.

Aiguillettes de dinde *aux poireaux*

4
10 min
15 min

filets de dinde en lamelles
500 g

poireaux émincés
4

bouillon de légumes
30 cl

huile d'olive
2 c. à soupe

graines de sésame

1. Dans une poêle, chauffez l'huile et faites-y revenir la dinde, salez et poivrez. Réservez.
2. Remplacez-la par les poireaux. Mélangez pour récupérer les sucs et arrosez de bouillon. Couvrez et laissez cuire 10 min à feu doux.
3. Remettez la dinde dans la poêle 1 min avant de servir. Parsemez éventuellement de sésame.

Poêlée de riz noir
au poulet et aux poireaux

4

15 min

30 min

riz noir
200 g

blancs de poulet en lanières
300 g

poireaux émincés
3

beurre
1 noix

crème liquide
5 cl

huile d'olive
1 c. à soupe

1. Faites cuire le riz 25 min à l'eau bouillante salée. Égouttez.

2. Chauffez le beurre dans une sauteuse et faites cuire les poireaux 20 min en remuant.

3. Poêlez le poulet 5 min avec l'huile.

4. Incorporez le riz et le poulet dans la sauteuse, salez, poivrez. Versez la crème, mélangez, laissez cuire 2 min et servez.

Poêlée de quinoa *au tofu et au brocoli*

4
15 min
22 min

quinoa
200 g

tofu ferme en dés
300 g

brocoli en fleurettes
1 tête

huile d'olive
1 c. à soupe

oignon émincé
1

purée d'amande
2 c. à soupe

1. Faites cuire le brocoli 10 min à la vapeur.
2. Chauffez l'huile dans une sauteuse et faites revenir l'oignon. Ajoutez le quinoa et mélangez. Versez 40 cl d'eau frémissante, salez, poivrez et laissez mijoter 10 à 12 min.
3. Incorporez le tofu et les brocolis, ajoutez la purée d'amande, mélangez et servez.

Poêlée de quinoa *aux poireaux et au cabillaud*

4
15 min
17 min

quinoa rouge et blanc
200 g

poireaux en julienne
2

filets de cabillaud
500 g

coriandre ou cumin
2 c. à café

huile d'olive
3 c. à soupe

1. Chauffez 2 c. à soupe d'huile dans une sauteuse et faites suer les poireaux 5 min en mélangeant souvent.

2. Ajoutez le quinoa et les épices, salez, poivrez, mélangez et couvrez de 40 cl d'eau. Laissez mijoter 12 min.

3. Assaisonnez le poisson, huilez-le et faites-le cuire 10 min à la vapeur.

4. Répartissez la poêlée de quinoa dans des assiettes, disposez 1 filet de cabillaud dessus et servez.

Poêlée de sarrasin *et lentilles au jambon cru*

4
10 min
15 min

sarrasin
150 g

lentilles corail
100 g

jambon cru en lanières
4 tranches

crème liquide
10 cl

1. Faites cuire les lentilles 15 min dans 30 cl d'eau froide. Égouttez.
2. Portez à ébullition 25 cl d'eau salée avec le sarrasin pour 10 min. Laissez gonfler 5 min à couvert hors du feu.
3. Incorporez les lentilles et la crème, salez et poivrez. Ajoutez le jambon et servez.

Poêlée *de choux de Bruxelles*

4
10 min
30 min

choux de Bruxelles
400 g

champignons de Paris coupés
300 g

châtaignes cuites
100 g

oignon émincé
1

beurre
10 g

1. Ôtez la première feuille des choux. Plongez-les 5 min dans de l'eau bouillante, puis égouttez-les.

2. Dans une sauteuse, faites fondre le beurre et ajoutez l'oignon et les choux, salez et poivrez. Baissez le feu, couvrez et laissez cuire 15 min.

3. Ajoutez les champignons et les châtaignes. Assaisonnez et laissez cuire à feu vif 10 min en remuant régulièrement.

Mélange de céréales *aux lardons et au jambon*

4

10 min

30 min

mélange de céréales
200 g

lardons
100 g

talon de jambon en dés
200 g

huile d'olive
1 c. à soupe

poireaux en julienne
2

1. Faites cuire les céréales 10 min à l'eau bouillante salée. Égouttez.
2. Faites revenir les lardons à sec dans une poêle.
3. Chauffez l'huile dans une sauteuse et faites cuire les poireaux 20 min en remuant souvent.
4. Ajoutez les céréales, les lardons et le jambon. Salez peu, poivrez, mélangez et poursuivez la cuisson 3 min.

Pilaf de riz semi-complet *au jambon et à l'aubergine*

4
15 min
35 min

riz semi-complet
200 g

talon de jambon blanc en dés
200 g

aubergine en dés
1

huile d'olive
2 c. à soupe

oignon émincé
1

1. Dans une sauteuse, faites suer l'oignon avec l'huile.
2. Ajoutez le riz et l'aubergine, mélangez, puis versez 40 cl d'eau. Salez, poivrez et laissez mijoter 25 min.
3. Ajoutez le jambon. Mélangez, laissez mijoter encore 2 min et servez.

Œufs à la tomate *et à l'ail*

4

10 min

12 min

œufs
4

tomates en dés
6

ail écrasé
3 gousses

huile d'olive
1 c. à soupe

origan effeuillé
2 branches

1. Faites cuire les tomates et l'ail 8 min dans une poêle huilée à feu doux. Assaisonnez et ajoutez l'origan.

2. Creusez 4 puits dans la préparation et cassez-y les œufs. Faites cuire quelques minutes jusqu'à ce que les blancs soient pris.

Frittata aux épinards *et aux champignons*

4
15 min
30 min

œufs
6

pousses d'épinards
1 poignée

champignons de Paris
100 g

crème liquide
2 ou 3 c. à soupe

oignon émincé
1

beurre
20 g

1. Fouettez les œufs et la crème, salez et poivrez.

2. Dans une poêle, faites caraméliser l'oignon avec le beurre. Ajoutez les champignons et faites-les revenir 5 min, en remuant de temps en temps. Ajoutez les épinards et laissez cuire encore 3 min.

3. Incorporez les œufs et versez dans un plat à gratin beurré. Enfournez 15 à 20 min à 180 °C. Servez chaud.

Boulettes de poulet *à la coriandre*

4 | 15 min | 15 min

blancs de poulet en morceaux
4

pomme de terre pelée
1 grosse

coriandre effeuillée
1 poignée

oignon rouge émincé
1

gousse d'ail
1

œuf
1

1. Faites cuire la pomme de terre 10 min à l'eau bouillante, puis réduisez-la en purée.
2. Mixez la purée de pomme de terre avec le poulet, l'oignon, l'ail, la coriandre, le jus de citron et l'œuf. Façonnez des boulettes de taille moyenne, puis roulez-les dans la chapelure.
3. Dans une grande poêle, versez l'huile et faites dorer les boulettes 5 min. Servez aussitôt.

Et aussi un peu de...

citron
2 c. à café de jus
chapelure
(50 g)
huile d'olive
(2 c. à soupe)

Tortilla
aux oignons

🍽 4
⏳ 15 min
🍳 35 min

œufs
5

pommes de terre en cubes
3

oignons émincés
2

beurre
20 g

huile de pépins de raisin
3 c. à soupe

1. Dans une poêle, faites chauffer le beurre avec l'huile. Lorsque le mélange mousse, ajoutez les oignons et du sel. Faites cuire 5 min, puis ajoutez les pommes de terre. Faites-les dorer 15 à 20 min.
2. Battez les œufs, salez et poivrez. Versez-les dans la poêle contenant les pommes de terre. Poursuivez la cuisson 5 à 8 min, jusqu'à ce que les œufs soient cuits.
3. Laissez tiédir, puis découpez en parts et dégustez tiède ou froid.

Boulettes de boulgour *au bœuf et à la coriandre*

4
15 min
20 min
1 h

boulgour de blé
50 g

bœuf haché
400 g

œuf
1

coriandre ciselée
1 bouquet

farine
30 g

huile d'olive
2 c. à soupe

1. Faites cuire le boulgour 10 min à l'eau bouillante salée, puis égouttez-le.
2. Mélangez la viande avec l'œuf, le boulgour et la moitié de la coriandre. Salez, poivrez puis façonnez des boulettes. Réservez 1 h au frais.
3. Aplatissez légèrement les boulettes, puis roulez-les dans la farine. Poêlez-les 5 ou 6 min de chaque côté avec l'huile. Servez parsemé de coriandre.

Galettes *de pommes de terre au jambon*

4
15 min
10 min

purée de pomme de terre
300 g

jambon haché
4 tranches

ciboulette ciselée
4 c. à café

biscottes mixées
6

1. Tassez 1 belle c. à soupe de purée dans 4 emporte-pièces ronds.
2. Ajoutez un peu de jambon et de ciboulette, puis couvrez de la purée restante. Tassez, lissez et retirez les emporte-pièces. Saupoudrez de biscotte.
3. Assaisonnez et faites dorer 5 min de chaque côté à feu doux dans une poêle antiadhésive.

Galettes de lentilles *aux échalotes*

4
15 min
20 min

lentilles corail
200 g

échalotes émincées
2

pommes de terre pelées
3

œuf
1

paprika
2 c. à café

curry en poudre
1 c. à café

1. Faites cuire les pommes de terre avec les lentilles 15 min à l'eau bouillante salée. Mixez. Incorporez les échalotes délicatement.
2. Fouettez l'œuf avec le paprika, le curry et la fécule, puis incorporez-les. Salez et poivrez. Façonnez 10 petites galettes plates.
3. Poêlez les galettes 2 min de chaque côté avec l'huile. Servez aussitôt.

Et aussi un peu de…

fécule de maïs
(2 c. à café)
huile d'olive
(2 c. à soupe)

Galettes de quinoa *à la mimolette*

10 galettes
15 min
20 min

quinoa
300 g

mimolette en dés
60 g

carottes râpées
3

œufs
3

oignon émincé
1

huile d'olive

1. Faites cuire le quinoa 15 min à l'eau bouillante salée.
2. Poêlez les carottes 3 min avec un peu d'huile. Laissez refroidir.
3. Mélangez le quinoa, les carottes, les œufs, l'oignon et la mimolette. Salez et poivrez. Façonnez 10 petites galettes plates.
4. Faites-les dorer avec 1 filet d'huile 2 min de chaque côté. Servez aussitôt.

Pommes de terre *en gratin*

6
15 min
1 h

pommes de terre en fines lamelles
1 kg

crème fraîche
25 cl (liquide) + 4 c. à café (épaisse)

lait
15 cl

romarin
4 branches

noix de muscade râpée
1 pincée

oignons rouges émincés
400 g

1. Dans une grande casserole, chauffez la crème liquide avec le lait, puis faites-y infuser le romarin quelques minutes avec la muscade, du sel et du poivre. Ajoutez les pommes de terre, les oignons et faites cuire 10 min.

2. Retirez le romarin et versez dans un plat à gratin beurré. Nappez de crème épaisse et enfournez 45 min à 180 °C. Servez aussitôt.

Gratin de poireaux
au curry et au jambon

4
15 min
35 min

poireaux en rondelles
8

jambon blanc en lanières
250 g

curry en poudre
2 c. à café

beurre
50 g

farine
30 g

comté râpé
80 g

1. Faites fondre 20 g de beurre dans une poêle et faites suer les poireaux avec le curry 20 min à couvert.
2. Dans une casserole, faites fondre le reste de beurre. Ajoutez la farine en fouettant vivement, puis versez petit à petit le lait sans cesser de fouetter jusqu'à obtenir une béchamel lisse. Salez, poivrez et incorporez le comté.
3. Dans un plat à four, mettez les poireaux et le jambon. Nappez de béchamel. Enfournez 15 min à 180 °C. Servez chaud.

Et aussi un peu de…

lait entier
(30 cl)

Gâteau de potiron *à la polenta*

4
15 min
45 min

potiron en morceaux
600 g

polenta
150 g

œufs
2

fromage râpé
80 g (comté, cheddar…)

noix de muscade
1 c. à café

1. Faites cuire le potiron 15 min à l'eau. Égouttez et réduisez grossièrement en purée.
2. Ajoutez la polenta, les œufs, le fromage et la muscade, puis mélangez. Salez et poivrez.
3. Versez dans un moule huilé et enfournez 30 min à 200 °C. Laissez refroidir et démoulez.

Gratin de brocoli, *lait de coco et gingembre*

4
10 min
40 min

brocoli en fleurettes
1

lait de coco
20 cl

gingembre
3 cm

œufs
3

emmental râpé
50 g

1. Faites cuire le brocoli 10 min à la vapeur.
2. Mélangez le brocoli avec le lait de coco et les œufs légèrement battus. Ajoutez le gingembre, salez et poivrez.
3. Versez dans un plat à gratin. Saupoudrez d'emmental et enfournez 30 min à 180 °C.

Crumble de potimarron *aux graines de courge*

4

15 min

30 min

potimarron en morceaux
1

graines de courge
2 c. à soupe

farine
100 g

flocons d'avoine
50 g

parmesan râpé
100 g

beurre en petits dés
150 g

1. Faites cuire le potimarron 10 min à la vapeur. Salez et déposez-le dans un plat à four.

2. Mélangez la farine, les flocons d'avoine et le parmesan. Ajoutez le beurre et les graines, et mélangez du bout des doigts.

3. Émiettez cette pâte sur le potimarron et enfournez 20 min à 180 °C.

Gratin de fenouil *et tomates au parmesan*

4
15 min
1 h

bulbes de fenouil
2

tomates en tranches épaisses
2 grosses et bien mûres

tapenade
100 g env.

herbes de Provence
2 c. à café

huile d'olive
10 cl

parmesan râpé
50 g

1. Déposez les fenouils coupés en 2 dans la hauteur et les tomates dans un grand plat à gratin. Badigeonnez généreusement les fenouils de tapenade. Saupoudrez d'herbes, salez et poivrez. Arrosez d'huile et parsemez de parmesan.

2. Enfournez 1 h à 170 °C. Dégustez chaud.

Gratin de quinoa *au cabillaud*

4
10 min
25 min

filets de cabillaud en lanières
400 g

quinoa
200 g

courgettes en rondelles
2

huile d'olive
1 c. à soupe

chapelure
40 g

parmesan
30 g

1. Faites cuire le quinoa à l'eau bouillante salée.
2. Faites cuire les courgettes 10 min dans une poêle huilée. Ajoutez le quinoa, salez, poivrez et mélangez.
3. Disposez une couche de quinoa dans un plat à gratin légèrement huilé. Recouvrez avec le cabillaud, puis mettez le reste de quinoa et de courgettes.
4. Parsemez de chapelure et de parmesan, enfournez et faites cuire 15 min à 200 °C.

Gratin de crevettes *au curcuma*

4
10 min
20 min

crevettes crues décortiquées
500 g

curcuma en poudre
1 c. à café

échalotes émincées
2

lait de coco
25 cl

œufs
2

parmesan râpé
20 g

1. Dans un plat à gratin beurré, déposez les échalotes, puis répartissez les crevettes par-dessus.
2. Fouettez le lait de coco avec les œufs, ajoutez le curcuma, du sel et du poivre. Versez sur les crevettes. Mélangez la chapelure avec le parmesan, puis saupoudrez-en le plat. Faites gratiner 20 min à 200 °C.

Et aussi un peu de...

beurre
chapelure
(3 c. à soupe)

Courgettes farcies *au quinoa*

4
20 min
45 min

courgettes
2

quinoa
100 g

œufs
2

oignon émincé
1

branche de thym
1

huile d'olive
1 c. à soupe

1. Faites cuire le quinoa à l'eau salée. Coupez les courgettes en 2 dans la longueur. Prélevez délicatement la chair et détaillez-la en dés.

2. Faites suer l'oignon avec l'huile dans une poêle. Ajoutez les dés de courgettes et faites cuire 10 min. Incorporez les œufs, le quinoa égoutté et le thym, salez et poivrez.

3. Remplissez les courgettes de farce, déposez-les dans un plat, arrosez d'huile et enfournez 30 min à 180 °C.

Aubergines farcies *au basilic*

4
15 min
35 à 40 min

aubergines
2

chair à saucisse
400 g

basilic ciselé
1 bouquet

oignon haché
1

ail haché
2 gousses

œuf
1

1. Quadrillez la chair des aubergines fendues en 2 dans la longueur sans transpercer la peau. Arrosez d'huile d'olive, déposez-les sur une plaque de four recouverte de papier sulfurisé et enfournez 15 à 20 min à 200 °C.
2. Mélangez la chair à saucisse, l'oignon, l'ail, l'œuf et le basilic. Salez et poivrez. Réservez au frais.
3. Laissez tiédir les aubergines, puis prélevez la chair. Hachez-la et incorporez-la à la viande.
4. Farcissez les aubergines, arrosez d'huile et enfournez 20 min. Dégustez chaud.

Et aussi un peu de…

huile d'olive
(8 cl)

Tomates farcies *au tofu*

6
15 min
25 min

tomates
6 moyennes

tofu ferme en dés
400 g

riz
150 g

oignon émincé
1

huile d'olive
1 c. à café

beurre
20 g

1. Coupez le chapeau des tomates et évidez-les. Réservez la pulpe. Faites cuire le riz.
2. Poêlez l'oignon dans l'huile et le beurre. Ajoutez un peu d'eau pour caraméliser légèrement. Faites-y dorer le tofu 3 ou 4 min. Ajoutez la pulpe des tomates et mélangez. Hors du feu, incorporez le riz délicatement égoutté.
3. Farcissez les tomates et enfournez 15 min à 180 °C. Servez bien chaud.

Patates douces farcies *au chou-fleur*

4

15 min

1 h

patates douces
2

chou-fleur en fleurettes
150 g

fromage à tartiner
80 g

parmesan râpé
60 g

huile d'olive
1 filet

1. Coupez les patates douces en 2 dans la longueur et badigeonnez-les d'huile. Enfournez 50 min à 200 °C.
2. Faites cuire le chou-fleur 15 min à la vapeur.
3. Creusez les patates douces et récupérez la chair. Mélangez-la avec le fromage et le chou-fleur écrasé. Salez, poivrez et farcissez-en les patates. Saupoudrez de parmesan et enfournez 10 min à 180 °C.

Eggs boats
lardons et cantal

4
10 min
10 min

œufs
5

petits pains
4

lardons
100 g

cantal râpé
30 g

oignon émincé
1

ciboulette ciselée
3 brins

1. Incisez les pains et retirez grossièrement de la mie. Faites griller les lardons.

2. Fouettez les œufs avec les lardons, le cantal, l'oignon et la ciboulette. Répartissez dans les pains, assaisonnez et enfournez 10 min à 180 °C.

Pommes de terre *fromagères*

4
10 min
35 min

pommes de terre
8

crème fraîche
12 cl

parmesan râpé
40 g

ciboulette ciselée
10 brins

1. Faites cuire les pommes de terre entières 15 min dans de l'eau bouillante. Égouttez-les, coupez-les en deux dans la longueur et creusez-les à l'aide d'une cuillère.
2. Mélangez la chair récupérée avec la crème, le parmesan et la ciboulette. Salez et poivrez. Placez ce mélange dans les pommes de terre creusées. Enfournez pour 20 min à 180 °C.

Œufs cocotte au poivron *et à la ciboulette*

4 personnes
15 min
15 min

œufs
4

poivron rouge en lanières
1

ciboulette ciselée
1 botte

crème fraîche
4 c. à café

moutarde à l'ancienne
4 c. à café

beurre

1. Plongez le poivron 5 min dans de l'eau bouillante. Égouttez.
2. Beurrez 4 ramequins. Cassez 1 œuf par ramequin et ajoutez dans chacun 1 c. à café de crème, 1 de moutarde et du poivron.
3. Parsemez de ciboulette. Enfournez 10 min environ à 180 °C. Servez chaud.

Fusillis *aux shiitakés*

4
10 min
10 min

fusillis
250 g

champignons shiitakés
250 g

échalotes émincées
2

huile d'olive
1 filet

crème liquide
15 cl

parmesan en copeaux

1. Dans une sauteuse, faites revenir les échalotes dans un peu d'huile et ajoutez les shiitakés. Laissez cuire quelques minutes. Salez et poivrez.
2. Pendant ce temps, faites cuire les fusilli. Égouttez-les et ajoutez la crème et les shiitakés. Salez et poivrez. Parsemez de persil et de parmesan avant de servir.

Et aussi un peu de…

persil ciselé

Risotto de coquillettes *et petits pois*

4
10 min
15 min

coquillettes
300 g

petits pois cuits
150 g

champignons de Paris
200 g en boîte

échalote émincée
1

bouillon de volaille chaud
60 cl

crème de soja
4 c. à soupe

1. Dans une sauteuse, faites revenir l'échalote dans l'huile. Ajoutez les pâtes, mélangez et versez le bouillon. Faites cuire 10 min environ à feu doux en remuant, jusqu'à absorption du bouillon.
2. Ajoutez les champignons, les petits pois et la crème. Parsemez de parmesan, de persil et faites cuire 3 min.

Et aussi un peu de…

huile d'olive
(1 c. à soupe)
parmesan râpé
(2 c. à soupe)
persil
(1 c. à soupe)

Spaghettis *à la bolognaise*

4
15 min
2 h

spaghettis
400 g

bœuf haché
450 g

tomates concassées
400 g

carotte en dés
1

oignon émincé
1

lardons
50 g

1. Faites revenir l'ail, les carottes et l'oignon dans un filet d'huile. Ajoutez les lardons et faites-les dorer.
2. Ajoutez la viande hachée et les tomates. Salez, poivrez et laissez mijoter 2 h à feu doux en mélangeant régulièrement.
3. Faites cuire les pâtes à l'eau bouillante salée. Égouttez-les et versez-les dans la sauce. Mélangez et servez.

Et aussi un peu de…

ail émincé
(1 gousse)
huile d'olive
(3 c. à soupe)

Tagliatelles à la crème *et aux champignons*

4
15 min
15 min

tagliatelles
400 g

champignons de Paris émincés
500 g

huile d'olive
1 c. à soupe

ail haché
1 gousse

mascarpone
1 c. à soupe

crème liquide
25 cl

1. Poêlez les champignons avec l'huile et l'ail. Ajoutez le mascarpone et la crème, salez, poivrez. Laissez cuire 5 min.

2. Faites cuire les pâtes al dente à l'eau bouillante salée. Ajoutez-les aux champignons. Mélangez, salez et poivrez.

Pappardelles *aux aubergines*

4
10 min
20 min

pappardelles
400 g

aubergines en morceaux
2

menthe ciselée
1 bouquet

huile d'olive
4 c. à soupe

piment d'Espelette
1 pincée

1. Faites revenir les aubergines dans 3 c. à soupe d'huile. Salez, poivrez et ajoutez le piment.
2. Faites cuire les pâtes al dente.
3. Égouttez les pâtes, puis arrosez-les avec le reste d'huile, parsemez de menthe. Ajoutez les aubergines, salez et poivrez si nécessaire. Mélangez et servez sans attendre.

Gnocchis express *à la crème*

🍽 4
⏳ 10 min
🍳 10 min

gnocchis
1 sachet

crème liquide à 15 % de MG
20 cl

parmesan râpé
200 g

olives noires dénoyautées
50 g

1. Chauffez la crème à feu doux en ajoutant petit à petit le parmesan.
2. Faites cuire les gnocchis 1 min à l'eau bouillante. Versez-les dans un plat à gratin avec la crème et les olives dénoyautées coupées 2. Enfournez 10 min à 220 °C.
3. Servez avec une salade de roquette.

Rigatonis aux poireaux
et au citron

4
15 min
15 min

rigatonis
400 g

poireaux émincés
3

citrons
2 (le zeste)

noisettes grillées hachées
75 g

crème épaisse
25 cl

huile d'olive
2 c. à soupe

1. Faites cuire les pâtes al dente à l'eau bouillante salée.

2. Faites revenir les poireaux dans l'huile jusqu'à ce qu'ils soient tendres. Parsemez-les de zestes de citron et ajoutez la crème ainsi que les noisettes.

3. Mélangez les pâtes et les poireaux. Salez et poivrez.

One pot pasta *aux aubergines*

4
10 min
15 min

pâtes type farfalle
240 g

aubergine en dés
1 grosse

tomates concassées
1 boîte de 400 g

oignon rouge émincé
1

ail haché
2 gousses

basilic ciselé
quelques feuilles

1. Dans une grande casserole, déposez les pâtes, l'aubergine, les tomates, l'oignon et l'ail. Assaisonnez et couvrez avec 60 cl d'eau. Laissez cuire 15 min à feu moyen en remuant régulièrement.

2. Laissez reposer quelques minutes avant de déguster parsemé de basilic.

Gratin de macaronis *au jambon*

4
10 min
25 à 30 min

macaronis
400 g

jambon en dés
200 g

gruyère râpé
150 g

crème épaisse
25 cl

beurre en dés
30 g

1. Faites cuire les macaronis à l'eau bouillante salée.

2. Dans un saladier, mélangez la crème et le jambon. Poivrez. Égouttez les pâtes et ajoutez-les.

3. Beurrez un plat à four, puis versez-y les pâtes. Parsemez de gruyère et de beurre. Enfournez 15 à 20 min à 180 °C, jusqu'à ce que les pâtes soient bien gratinées. Dégustez chaud.

Cake indien *aux lentilles corail et potimarron*

4

15 min

1 h

lentilles corail
180 g

potimarron râpé
200 g

épices tandoori
1 c. à soupe

oignon haché
1

œufs
4

farine
70 g

1. Réservez 2 c. à soupe de lentilles, et faites cuire le reste 15 min à l'eau bouillante salée, puis égouttez.

2. Dans une poêle, faites revenir l'oignon 2 min avec le tandoori et l'huile, puis ajoutez le potimarron et laissez cuire 5 min.

4. Fouettez les œufs avec la farine. Ajouter les lentilles cuites et crues et le potimarron. Salez et poivrez. Versez dans un moule à cake beurré et enfournez 45 min à 180 °C. Servez chaud ou froid.

Et aussi un peu de…

huile d'olive
(2 c. à soupe)

Cake au fenouil, *lardons et fromage*

4 · 15 min · 1 h

fenouil émincé finement
1

lardons fumés
100 g

emmental râpé
80 g

échalote émincée
1

œufs
3

farine
150 g

1. Faites suer les lardons, retirez le gras, puis ajoutez le fenouil et l'échalote. Versez 10 cl d'eau et laissez mijoter 15 min, jusqu'à ce que le fenouil soit tendre. Salez et poivrez.
2. Battez les œufs et ajoutez la farine, la levure, l'huile, du sel et du poivre. Incorporez le fenouil et les lardons, puis l'emmental.
3. Versez dans un moule à cake beurré et fariné, puis enfournez 40 à 45 min à 180 °C. Servez froid.

Et aussi un peu de…

levure chimique
(1 sachet)
huile d'olive
(10 cl)

Tarte fine *aux oignons rouges*

4
20 min
35 à 45 min

pâte feuilletée
1

oignons rouges émincés
800 g

parmesan râpé
40 g

huile d'olive
2 c. à café

sucre roux
(2 c. à café)

bouquet garni
1

1. Faites suer les oignons 5 min avec l'huile. Ajoutez le sucre et le laurier, puis faites compoter 15 à 20 min. Si besoin, versez un peu d'eau. Ajoutez le thym, salez et poivrez.
2. Garnissez un moule à tarte (ø 24 cm) de pâte. Piquez le fond.
3. Retirez le laurier et le thym, puis recouvrez la pâte de compotée d'oignons et parsemez de parmesan. Enfournez 15 à 20 min à 200 °C. Servez chaud.

Tatin *de légumes*

6
15 min
40 min

carottes en lanières
4

courgettes en lanières
2

pâte brisée
1

sucre roux
3 c. à café

beurre demi-sel en dés
50 g

1. Faites cuire les légumes à l'eau 10 min environ pour qu'ils soient tendres, mais fermes.

2. Poêlez le sucre avec 4 c. à café d'eau jusqu'à obtenir un caramel blond. Ajoutez le beurre et faites dorer 2 min.

3. Versez le caramel dans un moule à tarte. Disposez joliment les légumes dessus. Salez et poivrez. Déroulez la pâte sur les légumes en rentrant les bords à l'intérieur du moule.

4. Piquez la pâte et enfournez 30 min à 180 °C. Démoulez dès la sortie du four.

Tarte au brocoli *et au fromage de chèvre*

4

10 min

35 min

pâte feuilletée
1

brocoli en fleurettes
1 gros

fromage de chèvre frais
100 g

œuf
1

cerneaux de noix
10

1. Garnissez un moule à tarte (ø 24 cm) beurré de pâte.
2. Faites cuire le brocoli à la vapeur 10 à 12 min. Mixez avec 80 g de fromage, l'œuf et les noix. Salez et poivrez.
3. Versez la préparation sur la pâte et parsemez du reste de fromage. Enfournez 25 min à 180 °C. Servez chaud.

Tarte aux tomates cerises *et au beaufort*

4

10 min

25 à 30 min

pâte brisée
1

tomates cerises
500 g

beaufort en lamelles
100 g

huile d'olive
3 c. à soupe

1. Déroulez la pâte dans un moule. Piquez-la et déposez dessus le beaufort et les tomates. Arrosez de 1 filet d'huile, salez et poivrez.

2. Enfournez 25 à 30 min à 180 °C. Dégustez chaud.

Tarte aux endives *et crème de jambon*

6
10 min
40 min

pâte feuilletée
1

endives
5

jambon blanc
2 tranches

beurre
50 g

œufs
4

crème liquide
40 cl

1. Garnissez un moule de pâte.
2. Faites caraméliser les endives coupées en 4 dans la longueur avec le beurre et le sucre 5 min. Recouvrez à peine d'eau et faites cuire 15 min. Égouttez et laissez refroidir.
3. Mixez le jambon. Fouettez les œufs avec la crème. Ajoutez le jambon, salez et poivrez.
4. Disposez les endives en rosace sur la pâte et versez par-dessus la crème au jambon. Enfournez 20 min à 180 °C. Servez aussitôt.

Et aussi un peu de…

sucre roux
(2 c. à café)

Flammekueche *rapide*

6
5 min
15 min

pâte feuilletée
1

oignon en fines lamelles
1 kg

fromage blanc
150 g

crème fraîche épaisse
10 cl

œuf
1

lardons
75 g

1. Faites cuire 5 min les oignons avec l'huile, à feu doux, jusqu'à ce qu'ils soient translucides. Si besoin, ajoutez un peu d'eau.
2. Mélangez le fromage, la crème et l'œuf, puis incorporez la farine.
3. Déroulez la pâte feuilletée sur une plaque de four recouverte de papier sulfurisé. Recouvrez la pâte du mélange crémeux. Ajoutez les oignons tièdes et les lardons. Salez, poivrez et enfournez 8 à 10 min à 200 °C. Servez aussitôt.

Et aussi un peu de…

farine
(1 c. à café)
huile d'olive
(2 c. à soupe)

Quiche sans pâte *courgettes-jambon*

4
15 min
45 min

courgettes en dés
2

jambon en dés
100 g

oignon émincé
1

huile d'olive
2 c. à soupe

farine
50 g

œufs
3

1. Faites revenir les courgettes et l'oignon 10 min avec l'huile.
2. Fouettez la farine avec les œufs, puis délayez avec le lait et la crème. Incorporez le jambon et les courgettes, salez et poivrez.
3. Versez la préparation dans un moule à tarte et enfournez 35 min à 180 °C. Dégustez chaud ou froid.

Et aussi un peu de…

lait écrémé
(15 cl)
crème liquide
(150 g)

Quiche au bacon *et au cheddar*

4

15 min

30 à 35 min

pâte brisée en rouleau
1

tranches de bacon en dés
150 g

cheddar râpé
150 g

œufs
2 entiers + 2 jaunes

lait
20 cl

crème liquide
20 cl

1. Garnissez un moule à tarte de pâte. Piquez-la à l'aide d'une fourchette. Gardez au frais.
2. Battez les œufs entiers et les jaunes. Ajoutez le lait, la crème et mélangez. Salez et poivrez.
3. Répartissez le bacon et le cheddar sur le fond de tarte et versez par-dessus la préparation aux œufs. Enfournez 30 à 35 min à 200 °C. Dégustez chaud.

Quiche petits pois, *menthe et jambon*

4

15 min

55 min

pâte brisée
1

jambon blanc en morceaux
2 tranches

petits pois écossés
125 g

menthe fraîche ciselée
20 feuilles

œufs
2

crème liquide
20 cl

1. Faites cuire les petits pois 10 min à l'eau bouillante salée.

2. Fouettez les œufs avec la crème, salez, poivrez et ajoutez la menthe. Égouttez les petits pois et passez-les sous l'eau froide.

3. Garnissez un moule à tarte de pâte brisée en gardant le papier sulfurisé. Piquez la pâte et répartissez les petits pois et le jambon. Versez la préparation aux œufs, puis faites dorer 45 min à 180 °C.

Pizza tomates *et ricotta*

4
15 min
15 min

pâte à pizza
1

tomates en rondelles
2

ricotta émiettée
200 g

coulis de tomate
200 g

branche de thym
1

basilic ciselé

1. Étalez la pâte sur une plaque de cuisson garnie de papier sulfurisé.
2. Étalez le coulis de tomate sur la pâte, puis ajoutez les tomates et la ricotta. Parsemez de thym, salez, poivrez et enfournez 15 min à 210 °C. Parsemez de basilic et servez.

Pizza blanche
mozzarella et sauge

4

10 min

5 à 8 min

pâte à pizza
1

mozzarella en tranches
125 g

sauge
1 bouquet

ail
1 gousse

parmesan râpé
50 g

pignons
50 g

1. Mixez l'ail avec le parmesan, les pignons, quelques feuilles de sauge et 1 filet d'huile. Versez dans un bol et mélangez délicatement avec la crème fraîche. Salez et poivrez.

2. Déroulez la pâte sur une plaque recouverte de papier sulfurisé. Recouvrez-la de la crème à la sauge, répartissez la mozzarella et parsemez de sauge. Enfournez 5 à 8 min à 210 °C. Dégustez chaud.

Et aussi un peu de…

huile d'olive
(1 filet)
crème fraîche
(4 c. à café)

Tortillas
façon pizzas au chorizo

4

5 min

10 min

tortillas de blé
2 grandes

chorizo en tranches
100 g

mozzarella en fines tranches
1 boule

sauce tomate
4 c. à soupe

1. Placez les tortillas sur une plaque de four recouverte de papier sulfurisé. Étalez la sauce tomate dessus, disposez par-dessus le chorizo et la mozzarella.
2. Enfournez 8 à 10 min à 200 °C. Servez chaud.

Index par ingrédient

TABLE DES ÉQUIVALENCES FRANCE-CANADA

Poids

55 g	*2 onces*	*200 g*	*7 onces*	*500 g*	*17 onces*
100 g	*3 onces*	*250 g*	*9 onces*	*750 g*	*26 onces*
121 g	*5 onces*	*300 g*	*10 onces*	*1 kg*	*35 onces*

Ces équivalences permettent de calculer le poids à quelques grammes près (en réalité1 once = 28 g).

Capacités

25 cl	*1 tasse*	*75 cl*	*3 tasses*
50 cl	*2 tasses*	*1 l*	*4 tasses*

Pour faciliter la mesure des capacitésune tasse équivaut ici à 25 cl (en réalité1 tasse = 8 onces = 23 cl).

Crédits photographiques

Recettes
© Larousse, B. Abraham : pages 24, 104, 106,108, 112, 118, 134 ; © Larousse, E. Delprat-Alvarès : pages 8, 16, 26, 28, 58, 66, 94, 102, 110 ; © Larousse, Depraz : page 46 ; © Larousse, P. Dubois : page 84 ; © Larousse, M. Martin : pages 38, 63, 72, 88, 116, 126, 132, 140 ; © Larousse, C. Moreau : pages 4, 15, 18, 20 ; © Larousse, C. Roquefort : pages 22, 44, 54, 74, 76, 78, 92, 96, 100 ; © Larousse, A. Royer : pages 60, 62, 68, 70, 71, 90, 98, 120, 121, 122, 124, 128, 129, 138 ; © Larousse, N. Strouk : pages 6, 114 ; © Larousse, B. Vigot-Lagandré : pages 10, 12, 14, 30, 31, 32, 34, 36, 40, 42, 48, 50, 52, 53, 56, 57, 64, 82, 86, 130, 136.

Photographies :
© Larousse, D. Amar-Constantini : pages 130, 136 ; © Larousse, F. Besse : 60, 90, 98, 120, 121, 122, 124, 128, 129, 138 ; © Larousse, E. Cino : pages 38, 46, 72, 88, 116, 126, 132, 140 ; © Larousse, S. Dumont : pages 12, 24, 34, 40, 68, 82, 86, 112 ; © Larousse, A. Honegger : pages 8, 10, 16, 26, 28, 32, 36, 42, 48, 50, 58, 64, 66, 94, 102, 110 ; © Larousse, M.-J. Jarry : pages 104, 106, 108, 118, 134 ; © Larousse, O. Ploton : pages 6, 22, 44, 54, 74, 76, 78, 92, 96, 100, 114 ; © Larousse, A. Princet : pages 84 ; © Larousse, P. Vaurès-Santamaria : pages 4, 18, 20 ; © Larousse : page 80

Packshots
© Larousse © Shutterstock © Thinkstock.

Couverture
© Larousse : O. Ploton

Direction de la publication : Isabelle Jeuge-Maynart et Ghislaine Stora
Direction éditoriale : Émilie Franc
Édition : Alice Dauphin
Conception graphique : Aurore Elie
Couverture : Eliott Joussain
Mise en pages : Les PAOistes
Fabrication : Donia Faiz

Les Éditions Larousse utilisent des papiers composés de fibres naturelles renouvelables, recyclables et fabriquées à partir de bois issus de forêts qui adoptent un système d'aménagement durable. En outre, les Éditions Larousse attendent de leurs fournisseurs de papier qu'ils s'inscrivent dans une démarche de certification environnementale reconnue.

ISBN : 978-2-03-595490-9
Photogravure : IGS-CP16 L'Isle d'Espagnac
Imprimé en Espagne par Estella Graficas
Dépôt légal : mai 2018
321174/01 – 11037634 – mars 2017

PAPIER À BASE DE FIBRES CERTIFIÉES

LAROUSSE s'engage pour l'environnement en réduisant l'empreinte carbone de ses livres. Celle de cet exemplaire est de : 1 kg éq. CO_2
Rendez-vous sur www.larousse-durable.fr